Alphabet des Schweigens

Alphabet
des
Schweigens

Silvia Richter

freigeist

Lies mich
bevor der Sturm
meine Seiten in Windböen der Vergessenheit
davonträgt
weiße Seiten, Seiten der Unruhe, Seiten meiner
nächtlichen Ruhe

Lies mich
damit ich mich selbst meiner Wörter entleere
meine Ersparnis ist ein ungelesenes Heft
in einem Umschlag der unerfüllten Erwartungen

Lies mich
da ich Dein Bezeugen brauche
und Deine Augen, die mich Zeile für Zeile
unsterblich machen

Lies mich
egal wie sinnlos
egal wie nutzlos
egal wie wiederholt

Peyman Roghani, Lies mich
(Übersetzung: Silvia Richter und Elham Ebrahimpoor)

بخوان مرا
پیش از آن که طوفان
صفحاتم را به جریان بادهای فراموشی بسپارد
صفحات سفید، صفحات تشویش، صفحات آرام شبانه ام را

بخوان مرا
که من خود را تهی کرده ام از کلمات
و اندوخته ام دفتری است ناخوانده
در جلد انتظارهای نابرآورده

بخوان مرا
که نیازمند شهادت توام
و چشمهایت، که مرا خط به خط جاودانه کند

بخوان مرا
هرچقدر بی معنا
هرچقدر بی حاصل
هر چقدر تکراری

پیمان روغنی، بخوان مرا

Freigeist Verlag, Berlin

www.freigeist-verlag.net

Lektorat: Felix Miericke

Layout: Hannes Schumacher

Illustrationen: Sahar Homami

Cover: Sahar Homami

https://saharhomami.com

ISBN: 978-3-947764-01-3

Inhaltsverzeichnis

I Alphabet des Schweigens

An der Grenze des Tags
fließt Gleitzeit über
Stunden voll Schlaf

Lupenzeit

der Atem des Ungesagten
wird an den Lippen zu Staub
blüht über Wortfelder

Epitaph

Im Dunkel deiner Haut
glänzt
die Wasseroberfläche des Sagbaren

Klangwellen
umspülen unsere Ohren

unsere Zungen tanzen
das Alphabet des Schweigens
in den Armen des Atems

Alphabet des Schweigens

In dieser Nacht schwamm ich
allein in der Dunkelheit
gegen meine Angst

ich schwamm nackt
meine weiße Haut schimmerte
durch die Wasseroberfläche

das Wasser war kalt
die Luft schwarz
ich war allein

in einem Ozean aus Dunkelheit
nachtblind vor Angst
schwamm ich

weiter
immer nur weiter
nur fort von hier

im Morgengrauen
sah ich von Weitem
ein Land am Horizont auftauchen

plötzlich spürte ich
wieder Boden unter meinen Füßen
ich war gestrandet

vor mir lag
weiß und unberührt
das Ufer deines Körpers

Zolmat – ظلمت

In der Zeit vor deiner Geburt
zähle ich die Atemzüge
bis zu deinem Auftauchen
auf der Wasseroberfläche der Gegenwart
meiner Zeit

ich zähle die Atemzüge bis zu unserem ersten
Treffen
berechnend den Abstand zwischen dir und mir
in den Jahren nach deiner Geburt
sehe ich dich auf mich zuatmen
ein Countdown aus Tagen
läuft ab

deine Schritte ziehen sich wie transparente
Fäden
durch diese Stadt, die ein Spinnennetz ist
und mich gefangen hält
als ihre Beute

die Strategie der Spinne
heißt – warten
im Netz
der Stadt

folge ich der unsichtbaren Spur
deiner verlorenen Schritte
durch das gläserne Chaos der Straßen
ein Gewebe aus Stimmen, Geräuschen, Düften
wächst ständig in dieser Stadt
ein unablässiges Murmeln
vergangener Jahre

die zerbrochene Zeit halte ich in den Händen
wie die Scherben eines Spiegels
der deine Augen zerschnitt
in zerflossene Bilder
Tränen der Zeit

das Wasser der Erinnerungen
konserviert die Bilder
die ich nicht sah
die ich niemals sehen werde
und die dennoch Wirklichkeit waren
einst für dich waren sie
dein Leben

ich versuche die Bruchstücke dieses Spiegels
wieder zusammenzulegen
die unzähligen Bilder von dir
in der Zeit vor meiner Geburt
ein Kaleidoskop aus Gesichtern

eine Galerie verlorener Identitäten
und Verwandlungen
dein Leben
wer warst du damals
in der Zeit vor meiner Zeit
der zerbrochenen Zeit
als du auf mich zuatmetest

unwissend die Zeit und den Ort
wo sich meine Atemzüge
mit den deinen kreuzen werden
und ein Gespräch entsteht

unser Gespräch

aus Stille und Klang
Worten und Blicken
Ebbe und Flut, Diastole und Systole
dem Herzschlag der Sprache nachspürend

Die zerbrochene Zeit
schneidet unser Gespräch in Stücke
ich versuche alle Teile des Puzzles wiederzufinden
vergeblich, in Teheran –
das Wasser der Erinnerungen
in meinen Augen
fließt

ich lege mein Ohr auf deine Worte
wie Kinder Muscheln ans Ohr halten
um das Meeresrauschen zu hören
Klangwellen transportieren
mich weit weg von hier
weit weg von mir
spülen mich an den Strand
einer fremden Sprache
die deine ist

ich öffne die Augen

im Klang aufgelöst spüre ich eine Schwerelosigkeit
meines Körpers wie im Traum
nur von Ferne höre ich deine Worte
ein unendliches Rauschen
vertraut und fremd
deine Sprache

Aus dem Holz der Zeit schneidet meine Zunge das Sagbare aus dem Unsagbaren. Langsam forme ich daraus Worte. Kleine Figuren, die ich vor Dich hinsetze, damit Du mit ihnen spielen kannst und mir eine Antwort gibst auf die Fragen, die ich Dir nicht stelle.

Unendlich viele Konstellationen nehmen diese Figuren im Laufe unseres Gesprächs an. Sternbilder einer gemeinsamen Zeitreise, eine Reise mit Worten, quer durch das Universum unserer Imagination.

Langsam vergeht die Zeit, die Figuren verfallen vor unseren Augen zu Staub und werden wieder zu Luft. Ins Dunkel gehüllt verlassen sie lautlos die Szenerie, eine nach der anderen, ohne dass wir es merken.

Die Worte, die wir sprachen, und die Worte, die wir verschwiegen.

asymptotisch

Die Blindheit unserer Zungen
beim Küssen
sieht
was unsere Augen nicht sehen können:
نامرئیتِ عشق

Das Begehren füreinander macht unsere Körper
unsichtbar
niemand sieht uns – in diesem Augenblick der
Ewigkeit
verwandelt sich unsere Haut:
رنگِ نفس

Die Spuren deiner Hände auf meinem Körper
Fußabdrücke eines Spaziergangs auf dem Strand
meiner Haut
werden von den Wellen des Zeitmeeres aufgelöst
aber etwas bleibt zurück:
طلای زمان

Asphyxie

Bevor ich dich kannte, kannte ich nicht die Farbe Schwarz.
Ich kannte dunkelschwarz, hellschwarz, blauschwarz … aber Schwarz selbst, die Farbe, kannte ich nicht. (Ich schreibe sie jetzt mit großem S, beinahe ehrfürchtig.)

Wenn ich heute versuche, die Farbe Schwarz zu beschreiben, kommt mir als erstes dein Haar in Erinnerung. Es war von einer Farbe, wie ich sie nie zuvor gesehen hatte, denn es war nicht das Schwarz, das ich bisher kannte. Es war so dunkel, dass es schien wie *Licht*, es blendete die Augen. Ich konnte es nicht ansehen: es war als schaute man in die Sonne, wenn man dein Haar ansah.

Um der Sonne der Nacht in die Augen zu sehen, vergrub ich manchmal mein Gesicht in deinen Haaren. Kleine weiße Sterne durchzogen diese Nacht. Es waren einige weiße Haare, die du hattest, wie winzige Blitze in der Nacht.

Einmal, als du gegangen warst, nahm ich eines deiner Haare, das auf dem Tisch zurückgeblieben war. Ich klebte es auf ein Stück Papier und manchmal in der Nacht betrachte ich es: dein schwarzes Haar, als würde man der Nacht in die Augen sehen.

Ein kleines Stück dieser Nacht besitze ich nun. Und in all den Nächten, in denen du nicht da warst, war dennoch dieses kleine Stück Nacht bei mir.

die Bleibe

für Peyman

Deine Hände fliegen auf und ab
zwei kleine Vögel
am Himmel
kreisend um die unsichtbare Idee
der Liebe

Eines Tages werden wir alle eine Handvoll Staub
sein
eine Handvoll Worte im Mund des anderen
nichts als Atem der uns trägt

Aber in dieser winzigen Luftbrise
hoch am Himmel
kreist für uns
die unsichtbare Idee
der Liebe

Endlich allein irgendwo
ohne unter Augenbeschuss
zu stehen, zu fallen
mit dem Blick des Anderen
der sich in meinem spiegelt
ohne bei mir zu sein
bin ich zu Haus
im Wort
allein

Die tausend Augen des Granatapfels
der aufgeschnitten auf dem Tisch vor mir daliegt
jedes sieht eine andere Geschichte dieser Stadt
die Stille des Azurs im Sommer
über dem Albors-Gebirge
oder des ersten Schnees in Teheran
im Winter über Nacht
fallen die Flocken wie heimliche Blicke
auf die Straßen der Stadt
markieren die Spuren flüchtiger Begegnungen
die den Körper des Zufalls streifen

In dieser Millionenmetropole
schlagen tausend Herzen des Granatapfels
jedes zu seiner Zeit
jedes in seinem Rhythmus
und nur das Blut in seinen weißen Adern
das feine Geäst im Inneren der Frucht
verbindet sie und hält
ihre tausend Lebensgeschichten zusammen

Zusammen ergeben sie einen Leitfaden
in die Unendlichkeit dieser Stadt

Anār – انار

Eine offene Hand
ruht eine Wunde in der Luft
es ruht eine Farbe in den Augen
die wechselt im Wind-
Strom eines Herzens
das dunkelt
im Körper
lebendig

es lebt eine Stille
im Wort
die stirbt
im Satz
an den Lippen
ab

Wundstille

Nach dem Aufwachen laufen die Farben des
Traums aus
über die Augenlider
fließen die Tränen
der ungesagten Worte
für die es keinen Atem mehr gab
zwischen uns
und nur der Staub auf meiner Zunge
wird Zeuge sein
für die Sprachlosigkeit des Herzens
wenn die Blindheit der Zunge
plötzlich sehend wird
vor der Unsagbarkeit
der Worte

Streu ein bisschen Salz
in die Wunde jeden Morgens
damit niemand im Schnee ausrutscht
im Traum zur Arbeit gehend

II Echo

Die Atemlosigkeit deiner Liebe
beflügelt mein Herz
zum Stillstehen

Die Spuren unserer ungesagten Worte
haben ein Echo
in unseren Körpern

Denn ich habe gelebt, um dich zu erwarten
und mein Herzschlag war nichts
als deine Schritte

die Schweigsamkeit der Resonanz

Während deine Hände über die Tasten gleiten
die schwarz und weiß sind
wie Tag und Nacht
wechseln sich Licht und Schatten ab
in diesem Zimmer
an diesem Abend
laufen an den Wänden die Bilder meiner
Erinnerungen umher
wie Kinder, die sich in den Straßen einer
fremden Stadt verirrt haben

Wieviele Schatten kann ein Körper werfen?
Welche Kapazität an Dunkelheit kann er in sich
tragen?
Wieviele Schatten wird das Licht noch aus mir
herausschälen können?

Weiß auf weiß fliegen meine Schatten über die
Wände des Zimmers
wie die Winde über ein menschenleeres Feld
jagen
ich werde keinen von ihnen festhalten können
ich werde jeden einzelnen meiner Schatten mit
Leben füllen müssen

mit kostbarem, schmerzvollem Leben
und jeder meiner Atemzüge ist ein Blutstropfen
für einen neuen Schatten
diese Vampire meiner Existenz

Die Harmonie der Gleichmäßigkeit deines Spiels
bringt die Dunkelheit in mir
in eine Balance

Ich versuche das Gleichgewicht zu halten und
wage nicht zu atmen
jede falsche Taste, die du anschlägst
wird mich töten

Später an diesem Abend
werden unsere beiden Schatten
an der Wand
zu einem einzigen Körper werden
der sich in der Stille zu seinem eigenen Rhythmus
bewegt
ein unsichtbarer Tanz
zu einem Klang, den nur wir beide hören
jenseits der Musik

Osmose

---

für Modjgan

Worte tanzen
in meinem Kopf
während mein Körper still sitzt
versuchend meine Gedanken
in eine Choreographie zu bringen

Satz um Satz
zieht meine Rede Linien
in den feinen Staub des Geheimnisses
zwischen dir und mir

Auch die Schatten meiner Worte tanzen
es ist das Ungesagte
das noch reifen muss
zwischen uns
wie Äpfel im Sommer
in der Sonne der Stille
bis sie vom Baum des Sagbaren fallen
eines Tages unbeachtet

Die Wellen meines Gedächtnisses
spülen von Zeit zu Zeit Erinnerungen an Land
Strandgut verflossener Zeit

Verstreut liegen sie zwischen den Dünen
herrenlose, verwitterte Objekte
ein sonderbares Arrangement von Orten und
Begegnungen aller Art

Zusammengenommen ergeben sie ein Mosaik
meines Lebens
objets trouvés im Meer der Zeit
mit mir – in den Armen der Wellen

Am Körper der Stille
perlen Worte ab
wie Sonnenstrahlen
wärmen die Haut des Schweigens

Langsam fällt das Licht des Abends
über einen menschenleeren Platz
ich laufe alleine nach Hause
nur deine Abwesenheit ist anwesend
sie läuft direkt neben mir
Schulter an Schulter
wie ein Schatten

Ich kenne sie und sie kennt mich
wir sind mit der Zeit Freunde geworden
auch ganz ohne dich
sind wir gute Freunde geworden
ich und deine Abwesenheit

Ich grüße sie nicht einmal mehr
so gut kennen wir uns
ich weiß, wie es ihr geht
und sie weiß, wie es mir geht
wir brauchen keine Worte um uns zu verstehen
wie ein altes Ehepaar sind wir geworden
ich und deine Abwesenheit

Zu Hause angekommen hänge ich meine Jacke auf
und bereite das Abendessen vor für mich
deine Abwesenheit sitzt mit am Tisch
sie ist immer bei mir
und sie stört mich nicht einmal mehr
ganz im Gegenteil
wir sind gute Freunde geworden

Nur nachts tut es weh
dann liegt sie neben mir und sagt kein Wort
ihr kalter, luftleerer Körper schmiegt sich an mich
und auch ich sage kein Wort
mein Körper schmerzt entsetzlich
und ich versuche sie so gut es geht zu vergessen

Aber wenn ich am Morgen aufwache
liegt sie immer noch neben mir
deine Abwesenheit
und du fehlst

Mein Herz zerblättert
wie ein altes Buch

die vergilbten Seiten riechen
nach abgelebtem Leben
das keiner sah

Echos vergangener Gespräche hallen in mir nach
Gespräche, die vielleicht nie stattfanden
außer in meinen Träumen
da sind wir Freunde
und alles ist ganz leicht
wir kennen uns seit Ewigkeiten
ich traf dich vor deiner Geburt
und wir lachten über dieses Leben
das wir zu führen hätten
jeder für sich
jeder auf die ihm eigene Weise
allein gehüllt in die Haut unserer Sterblichkeit
die uns unsterblich macht

Wenn ich gewusst hätte, dass ich dich nie
wiedersehen würde
in meinem Leben
ich hätte es nicht geglaubt
ich hätte nicht so gelacht mit dir
vor der Zeitrechnung
nicht einmal im Traum hätte ich daran geglaubt
glaube es auch jetzt noch nicht

da ich es doch weiß und man es mir sagt
jeden Tag aufs Neue sagt man es mir:
wir kennen uns nicht
wir haben uns nichts zu sagen

Diese Echos in mir haben keinen Körper
ich kann sie nicht töten
ohne zugleich mich selbst zu töten
aber diese Echos in mir leben
mehr als ich

In meinen Träumen sind wir Freunde
und alles ist ganz leicht
wir kennen uns seit Ewigkeiten
wir kennen die Anzahl unserer Tränen
die wir diesem Leben schuldig sind
abgezählt sind sie
wie unsere Jahre es waren
vor der Zeitrechnung

Die scharfe Grenze
zwischen Schweigen und Sprechen

lege Schatten in deine Worte
um dem Schweigen Licht zu geben

Limes

Eine Handvoll Sternschnuppen
willkürlich hingestreut übers Leben
verglühen wir langsam mit unserem Atem –
Kometen des Nichts

Kosmologie

Unter den Fingern zerfällt der Abend
wie verbranntes Papier
und der Himmel zu Asche
nur die Dämmerung glüht weiter
bis das rote Lid des Horizonts sich verschließt
über der Wunde des verstorbenen Tages
und die dunkle Haut der Nacht
unsere Einsamkeit mit Sternen vernarbt

Im Traum sehe ich Dich
wir sind Freunde

in der Wirklichkeit
ist es ein Traum

Verzeichnis der Gedichttitel

Teil 1 – Alphabet des Schweigens

Teil 2 – Echo